BEI GRIN MACHT SICH IHR WISSEN BEZAHLT

- Wir veröffentlichen Ihre Hausarbeit,
  Bachelor- und Masterarbeit

- Ihr eigenes eBook und Buch -
  weltweit in allen wichtigen Shops

- Verdienen Sie an jedem Verkauf

Jetzt bei www.GRIN.com hochladen und kostenlos publizieren

Bibliografische Information der Deutschen Nationalbibliothek:

Die Deutsche Bibliothek verzeichnet diese Publikation in der Deutschen National-
bibliografie; detaillierte bibliografische Daten sind im Internet über http://dnb.d-
nb.de/ abrufbar.

Impressum:

Copyright © 2016 GRIN Verlag
Druck und Bindung: Books on Demand GmbH, Norderstedt Germany
ISBN: 9783668877276

Dieses Buch bei GRIN:

https://www.grin.com/document/456793

Else Kunze

Emotionen im Marketingkontext. Werbepsychologie

GRIN Verlag

Emotionen im Marketingkontext

Modul: Werbepsychologie

Else Kunze

INHALTSVERZEICHNIS

Inhaltsverzeichnis 2

Abbildungsverzeichnis 3

1   Einleitung 4

2   Definition 5

3   Emotionen im Marketingkontext 7

    3.1   Marketing 7

    3.2   Konditionierung 8

        3.2.1   Die klassische Konditionierung 8

        3.2.2   Die emotionale Konditionierung 10

    3.3   Emotionales Konsumerlebnis 12

4   Fazit 14

5   Literaturverzeichnis 15

ABBILDUNGSVERZEICHNIS

Abbildung 1: Die Basisemotionen im mimischen Ausdruck 6

Abbildung 2: Bildhafte Veranschaulichung der klassischen Konditionierung ... 10

Abbildung 3: Emotionale Konditionierung anhand der BMW X3-Printwerbung 11

Abbildung 4: Beispiel für nicht emotional aufgeladene Werbung 11

Abbildung 5: Das „Whiskas"-Schnurren.. 12

Abbildung 6: „CocaCola" Werbung... 13

1 EINLEITUNG

Basierend auf der modernen und globalisierten Wirtschaft, nimmt die Konkurrenz in allen Branchen unaufhörlich zu. Dadurch wächst der Wettbewerb um Kunden in der heutigen Wirtschaft. Der hohe Wettbewerb am Markt stellt sich auch seitens der Kunden als mühevoll heraus. Kunden müssen aus einer Vielzahl von Produkten oder Marken diejenigen wählen, die ihnen am meisten zusagen. Bei unzähligen Angeboten in nahezu allen Branchen werden Kunden schnell erdrückt. Sie wählen Produkte nicht mehr nur aus rein funktionalem Nutzen aus, dazu ist die Auswahl zu groß. Um als Unternehmen bei gegebenen Bedingungen bestehen zu bleiben, müssen sie die Gegebenheiten beachten und versuchen durch Marketing die Aufmerksamkeit der Kunden auf sich zu ziehen. Eine entscheidende Möglichkeit bietet hierbei die psychologische Betrachtung im Marketing. Das Verhalten der Konsumenten ist Kern der Verhaltensforschung, was diese für das Marketing unverzichtbar macht. Insbesondere die Emotionspsychologie kann im Marketing genutzt werden, um Produkte oder Marken zu etablieren. Schließlich bedenken Kunden – entgegen der Vermutungen Vieler - ihre Kaufentscheidungen selten rational, sondern lassen sich dabei von ihren Emotionen leiten.

Mit dieser Hausarbeit soll die Bedeutung der Kundenemotionen für geplante Marketingmaßnahmen von Unternehmen untersucht werden. Dabei wird erklärt, wie Emotionen auf Kundenseite entstehen können und wie sich Unternehmen diese zu Marketingzwecken zunutze machen können.

Im zweiten Kapitel dieser Hausarbeit werden Emotionen definiert. Das dritte Kapitel ist in zwei Sub-Kapitel aufgeteilt und zeigt auf, das Emotionen im Marketing genutzt werden können, um die Konsumenten zu beeinflussen. Das erste Sub-Kapitel 3.1 beschäftigt sich mit der Relevanz von Emotionen im Marketing und der Verbindung Emotionen mit Marketing. Im Zuge dessen wird auch der Marketing-Begriff definiert. Das zweite Sub-Kapitel 3.2 widmet sich der klassischen und emotionalen Konditionierung und zeigt auf, wieso Letztere für das Marketing von bedeutsamer Wichtigkeit ist. Außerdem wird erklärt, wie sich emotionale Konsumerlebnisse vermitteln lassen. Kapitel vier beinhaltet das Fazit, bevor im fünften Kapitel das Literaturverzeichnis folgt.

2 DEFINITION

Emotionen (lat. emovere = aufwühlen, hinaustreiben) werden in zahlreichen Literaturen zum Forschungsgegenstand, deshalb gibt es keine einheitliche Definition des Begriffs. In der vorliegenden Arbeit wird eine allgemeine Definition von Meyer, Schützwohl und Reisenzeinet herangezogen. Sie stellen eine universale Definition auf, die das Phänomen kurz und deutlich definieren. „Emotionen sind zeitlich datierte, konkrete Vorkommnisse von zum Beispiel Freude, Traurigkeit, Ärger, Angst, Eifersucht, Stolz, Überraschung, Mitleid, Scham, Schuld, Neid, Enttäuschung, Erleichterung sowie weiterer Arten von psychologischen Zuständen [...]."[1] Die psychologischen Zustände weisen allesamt gemeinsame Merkmale auf:[2] Zum einen haben sie einen aktuellen Charakter - Personen können Emotionen augenblicklich erleben. Zum anderen können Emotionen eine bestimmte Qualität, Intensität und Dauer aufweisen. Personen können sehr starke Emotionen empfinden, die über einen längeren Zeitraum hinweg bestehen, beispielsweise wird die Emotion „Trauer" über einen längeren Zeitraum hinweg empfunden. Emotionen werden durch bestimmte Objekte oder Ereignisse ausgelöst, beispielsweise durch Personen, Gegenstände oder Begebenheiten. Wenn eine Person eine schlechte Stimmung aufweist und jene Stimmung nicht durch ein konkretes Objekt entsteht, handelt es sich bei der schlechten Stimmung nicht um eine Emotion. Die Auslöser können für Personen persönlich bedeutend sein und Konsequenzen für die Person haben. Sie können allerdings auch aus vergangenen Erinnerungen, die mit Emotionen gekoppelt sind, entstehen. Beispielsweise werden beim Riechen eines bestimmten Geruchs Emotionen erweckt, die früher beim Riechen des Geruchs erlebt wurden. Durch Emotionen können physiologische Veränderungen eintreten, wie beispielsweise eine veränderte Körperhaltung oder Mimik.[3] Die Mimik wird dabei als „reichhaltige Informationsquelle" für die Übertragung von Informationen aufgefasst.[4] Emotionen unterscheiden sich in ihrer Qualität – sie werden je nach Art in unterschiedliche Emotionsklassen unterschieden. Laut Schmidt-Atzwert können einige Emotionen als Basisemotionen bezeichnet werden. Zu

---

[1] Meyer, W./ Schützwohl, A./ Reisenzein, R. (2001). S. 135
[2] Vgl. Meyer, W./ Schützwohl, A./ Reisenzein, R. (2001). S. 135
[3] Vgl. Meyer, W./ Schützwohl, A./ Reisenzein, R. (2001). S. 135
[4] Röhner, J./ Schütz, A. (2012). S. 66

ihnen gehören jene, die bezüglich der Mimik in allen Kulturen verstanden werden können. Dazu gehören: Traurigkeit, Freude, Ärger beziehungsweise Wut, Angst, Ekel, Scham und Überraschung.[5] In der _Abbildung 1_ werden jene Basisemotionen im mimischen Ausdruck dargestellt.

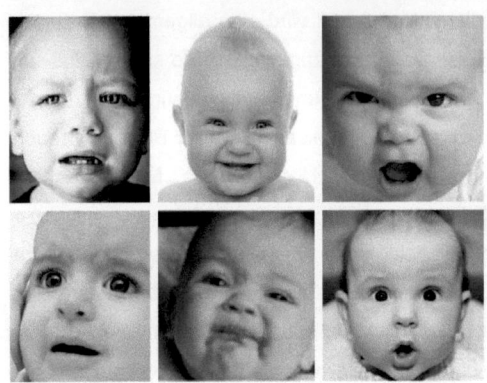

Abbildung 1: Die Basisemotionen im mimischen Ausdruck[6]

In der interpersonalen Kommunikation haben Emotionen eine informierende Rolle. Denn mit ihrer Hilfe kann die Verfassung des Kommunikationspartners eingeschätzt werden. Durch die Wertung der Emotion können daraufhin Kommunikationshandlungen abgestimmt werden.[7] Das menschliche Verhalten hängt daher zu einem großen Teil von Emotionen ab. Diese Annahme stammt aus der evolutionstheoretischen Betrachtung der Emotionen.[8] Im Kommunikationsprozess können Emotionen aus drei Blickpunkten betrachtet werden:

- „Emotionsmotivierte Kommunikation umfasst Verhalten, das von dahinterstehender Emotion ausgelöst wurde.
- Emotionsdarstellende Kommunikation ermöglicht einen Einblick in den emotionalen Zustand einer Person.
- Emotionsinduzierende Kommunikation beinhaltet Worte und Handlungen, die Emotionen in anderen hervorrufen."[9]

---

[5] Vgl. Brandstätter, V. (2013). S. 132
[6] Vgl. Brandstätter, V. (2013). S. 133
[7] Vgl. Röhner, J./ Schütz, A. (2012). S. 44
[8] Vgl. Six, U. (2007). S. 145
[9] Röhner, J./ Schütz, A. (2012). S. 44f.

Alle drei Perspektiven können in Marketingkontext Anwendung finden. Die emotionsdarstellende Kommunikation kann beispielsweise in der Zielgruppenanalyse angewendet werden. Die emotionsmotivierende sowie –induzierende Kommunikation werden im Folgenden vereinzelt betrachtet.

3 EMOTIONEN IM MARKETINGKONTEXT

Emotionen werden, wie im zweiten Kapitel beschrieben, durch unterschiedliche Objekte oder Ereignisse ausgelöst. Dieser Prozess kann im Marketing genutzt werden, um Kunden zu „beeinflussen". Im Folgenden wird nach einer anfänglichen Definition des Marketingbegriffs, der Zusammenhang von Emotionen und Marketing, sowie die Relevanz der Emotion für das Marketing erklärt. Daraufhin wird anhand von ausgewählten Theorien erläutert, wie Marketing die emotionale Ansprache umsetzen kann. Dabei wird die Nutzung sowohl anhand der Konditionierung als auch am Konsumerlebnis mit Hilfe von Beispielen erklärt.

3.1 MARKETING

Laut Mast richtet sich das Marketing (Marktkommunikation) an Stakeholder, die im Marktumfeld eines Unternehmens den Kauf und Verkauf von Produkten, Services und Ressourcen bezwecken. Maßnahmen der Marketingkommunikation leisten einen Beitrag zum Aufbau eines positiven Images eines Markenproduktes oder Unternehmens.[10]

Maßnahmen können von Unternehmen so ausgerichtet werden, dass sie bei Kunden positive Emotionen wecken. Dabei könnte versucht werden die emotionsinduzierende und- motivierende Kommunikation zu verbinden. Handlungen der Unternehmen sollten so abgestimmt werden, dass sie bei Kunden eine positive Emotion hervorrufen (emotionsinduzierend). Wenn der Kunde positive Emotionen wahrnimmt, sollte im besten Fall eine Kaufreaktion folgen (emotionsinduzierend). Der Prozess der Kaufentscheidung beinhaltet ein komplexes Zusammenwirken aus verschiedenen kulturellen, sozialen und psychischen Fakto-

---

[10] Vgl. Mast, C. (2013). S. 9

ren, wobei in dieser Arbeit der psychologische Faktor betrachtet wird.[11] Die Wirkung der Emotionen auf die Kaufentscheidung spielt eine große Rolle.

Für das Marketing sind Emotionen außerordentlich relevant. Die enorme Wettbewerbsintensität in nahezu allen Branchen kann durch die emotionale Ansprache der Kunden umgangen werden, denn dadurch heben sich Unternehmen von ihren Wettbewerbern ab. Außerdem werden heutzutage viele Produkte nicht mehr wegen ihres funktionalen Nutzes beziehungsweise objektiven Leistungsspektrums gekauft, wie beispielsweise aufgrund der Qualität oder Haptik. Der Grund des Produktkaufs liegt eher im emotionalen Nutzen. Deshalb können Marken beziehungsweise Unternehmen erst erfolgreich werden, wenn sie Kunden emotional ansprechen.

3.2 KONDITIONIERUNG

Dieses Kapitel wird sich der Konditionierung widmen. Nachdem anfangs die klassische Konditionierung erläutert wird, liegt das Hauptaugenmerk im Anschluss auf der emotionalen Konditionierung. Letztere ist für das Marketing von bedeutsamer Wichtigkeit. Mit der emotionalen Konditionierung einhergehend wird außerdem darauf eingegangen, wie sich emotionale Konsumerlebnisse vermitteln lassen.

3.2.1 DIE KLASSISCHE KONDITIONIERUNG

Die Resultate aus Forschungen des russischen Nobelpreisträgers für Physiologie oder Medizin, Iwan Petrowitsch Pawlow, bilden den Ausgangspunkt für die klassische Konditionierung. Letztere ist Teil der behavioristischen Lerntheorien, bei denen das Verhalten eines Lebewesens untersucht wird. Demzufolge wird vom sog. Stimulus-Response-Modell ausgegangen. Besagtes Modell lässt die Prozesse im Organismus außen vor und beschäftigt sich lediglich mit den Reizen und Reaktionen. Klassische Konditionierung bezeichnet also einen durch Reizkopplung angetriebenen Lernvorgang.[12] Sie erklärt das Lernen als Ergeb-

---

[11] Vgl. Kotler, P. (2011). S. 295
[12] Vgl. Schneider, W. (2009). S. 52

nis des gemeinsamen Auftretens zweier Reize.[13] Vorausgesetzt wird dabei, dass sich die beiden Reize in örtlicher und zeitlicher Nähe zueinander befinden.[14]

Dabei wird der eine Reiz vom Subjekt der Untersuchung neutral wahrgenommen und löst keine Reaktion aus, während der Andere mit großer Wahrscheinlichkeit eine solche verursacht. Treffen diese Reize fortan häufig genug aufeinander, hat dies zur Folge, dass der anfangs neutrale Reiz die gleiche Reaktion verursacht wie der andere Reiz.[15]

Das vom bereits erwähnten russischen Mediziner und Physiologen Pawlow entwickelte Hundeexperiment ist bis heute das populärste und meist verwendete Beispiel, um die klassische Konditionierung zu veranschaulichen. Er verband einen für Hunde neutralen Reiz, den Klang eines Glockenschlags, an einen Reiz, vom dem er sicher sein konnte, dass dieser bei dem tierischen Testsubjekt eine starke Reaktion hervorrufen würde: das Futter.[16] Ihm fiel auf, dass dem Hund beim Anblick des Futters als Reaktion Speichel aus dem Maul lief. Er wiederholte diesen Prozess mehrfach hintereinander und stets nach dem gleichen Schema und nach einigen Wiederholungen führte der Klang des Glockenschlags schließlich auch ohne Futter dazu, dass das Tier Speichel absonderte.[17] Die folgende Abbildung stellt schematisch den Ablauf des Experiments dar.

---

[13] Vgl. Runia, P./ Wahl, F./ Geyer, O./ Thewißen, C. (2011). S. 33
[14] Vgl. Runia, P./ Wahl, F./ Geyer, O./ Thewißen, C. (2011). S. 33
[15] Vgl. Scharf, A./ Schubert, B./ Hehn, P. (2009). S. 95f.
[16] Vgl. Schneider, W. (2009). S. 53
[17] Vgl. Schneider, W. (2009). S. 53

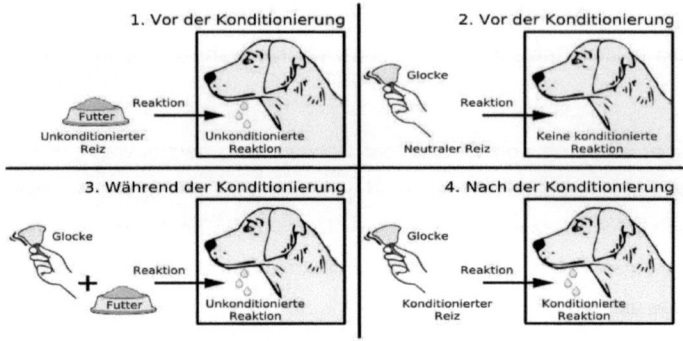

Abbildung 2: Bildhafte Veranschaulichung der klassischen Konditionierung[18]

3.2.2 DIE EMOTIONALE KONDITIONIERUNG

Basis der emotionalen Konditionierung ist die klassische Konditionierung. Bei der Emotionalen werden mittels vorbereitetem und wohl überlegtem Einsatz gewisser Reize beim Testsubjekt Vorstellungen ausgelöst, die dann mit charakteristischen Emotionen gekoppelt werden.[19] Daraus entwickeln sich gewisse Lerneffekte, was zur Folge hat, dass die Chancen steigen, dass die Auslösung des gleichen Reizes erneut dieselbe emotionale Reaktion bewirkt.[20]

Dieser Prozess der emotionalen Konditionierung findet auch im Marketing-Bereich statt, vorrangig bei Produkten, die einer großen Konkurrenzsituation auf dem Markt ausgesetzt sind. Da diese Produkte relativ leicht durch Konkurrenzprodukte substituiert werden könnten, müssen sie mit positiven Emotionen aufgeladen werden. Dies ist das Ziel der emotionalen Konditionierung.[21] Ist dieser Vorgang erfolgreich, zieht er die Abhebung von den Konkurrenzprodukten nach sich, was schließlich dazu führt, dass sich die Kaufwahrscheinlichkeit der emotional aufgeladenen Produkte erhöht.

Die emotionale Konditionierung soll nun anhand des Beispiels einer Print-Werbekampagne von BMW für den BMW X3 veranschaulicht und erklärt werden.

---

[18] https://blog.lecturio.de/wp-content/uploads/2015/07/pawlows-hund.jpg (Letzter Zugriff: 19. Februar 2016)
[19] Vgl. Scheuch, F. (1996). S. 69
[20] Vgl. Scheuch, F. (1996). S. 69f.
[21] Vgl. Scharf, A./ Schubert, B./ Hehn, P. (2009). S.63

Abbildung 3: Emotionale Konditionierung anhand der BMW X3-Printwerbung[22]

Das Produkt, das neu auf dem Markt eingeführt werden soll, „Der neue BMW X3", stellt den neutralen Reiz dar. Die Präsentation wird jedoch durch den Sonnenschein, den blauen Himmel, den See und nicht zuletzt durch die glücklichen Menschen emotional aufgeladen. Dies zielt darauf ab, dass der (potentielle) Kunde in seiner Erinnerung an das Auto die positiven Emotionen und Eindrücke abspeichert, die er mit strahlendem Sonnenschein, blauem Himmel etc. verbindet. So wird auf Seiten des (potentiellen) Kunden ein positives Gefühl gegenüber dem Auto geschaffen.

Bevor Firmen angefangen haben, ihre Produkte zu Marketingzwecken emotional aufzuladen, sahen Werbekampagnen nicht selten folgendermaßen aus:

Abbildung 4: Beispiel für nicht emotional aufgeladene Werbung[23]

---

[22] http://www.fitforfun.de/files/images/201010/0/bmw_x3games_rechte,30747_m_n.jpg (Letzter Zugriff: 19. Februar 2016)

3.3 EMOTIONALES KONSUMERLEBNIS

Im Folgenden Kapitel werden emotionale Konsumerlebnisse vorgestellt. Mit Hilfe von Konsumerlebnissen kann die Lebensqualität von Kunden ergänzt werden. Dies kann durch Produkte oder Marken geschehen, indem jene in eine emotionale Stimmungswelt eingebunden werden. Dabei wird der Wert des Erlebnisses von Kunden subjektiv empfunden.[24] Die wichtigste Aufgabe ist dabei, Marken oder Produkte durch Erlebniswelten mit bestimmten Erlebnissen und Gefühlen zu verknüpfen, sodass Verbraucher sich langfristig an die Marke oder an das Produkt erinnern und jene wiedererkennen.[25] Die emotionalen Erlebnisse werden dabei unbewusst wahrgenommen.[26] Hauptsächlich kann das Konsumerlebnis durch Sinneswahrnehmungen erlebt werden. Dazu können Geräuschsignale als auch visuelle Reize gehören. Als Beispiel kann die Marke „Whiskas" genannt werden. Die Marke brandete vor nicht allzu lange Zeit ein Geräuschsignal. Das Signal – ein Katzenschnurren - wird international in Werbungen eingesetzt. Das Schnurren bedeutet, dass die Katze zufrieden ist und mit seinem Halter. Diese Botschaft kommuniziert dem Zuschauer unbewusst ein emotionalen Nutzen (vgl.: Whiskas TV-Spot 2015; Schnurren etwa ab 0:16 Sekunde).

Whiskas TV Spot 2015

Abbildung 5: Das „Whiskas"-Schnurren[27]

---

[23]http://files1.coloribus.com/files/adsarchive/part_401/4013605/file/bmw-m3-cabrio-with-3-somebodys-always-jealous-small-13950.jpg (Letzter Zugriff: 19. Februar 2016)
[24] Vgl. Scharf, A./ Schubert, B./ Hehn, P. (2009). S. 62
[25] Vgl. Scharf, A./ Schubert, B./ Hehn, P. (2009). S. 62
[26] Vgl. Esch, F. R. (2012). S. 63
[27] https://www.youtube.com/watch?v=Iz9VgJMgKp0 (Letzter Zugriff: 19. Februar 2016)

Visuelle Reize können sich auch durch bestimmte Bilder, Farben oder Formen ergeben. Die Marke „CocaCola" verwendet beispielsweise auf einer Plakatwerbung ausschließlich die Farbe Rot. Zum einen ist die Farbe dem Kunden bereits vom Logo bekannt - hier wirkt der Hintergrund verstärkend. Zum anderen ist die rote Farbe eine Signalfarbe, ihr wird mehr Aufmerksamkeit geschenkt als anderen.[28] Außerdem wird in der Werbung versucht, die Emotion „Freude" zu transportieren. Dies geschieht durch die Verwendung des Begriffs als auch durch den lächelnden Smiley (Symbol), der auf der Hand aufgemalt ist. Dies soll suggerieren, dass der Kauf der kleinen „CocaCola"-Dose den Kunden glücklich machen wird.

Abbildung 6: „CocaCola" Werbung[29]

[28] Vgl. Motte, P. (2009). S. 234
[29] https://werbefolgen.files.wordpress.com/2014/12/wv_coca.jpg (Letzter Zugriff: 19. Februar 2016)

4 Fazit

Die Kaufentscheidungen der Kunden werden durch Emotionssysteme beeinflusst, insbesondere mit Hilfe der emotionalen Aufladung von Produkten oder Marken. Nahezu alle Kunden halten ihre Kaufentscheidungen für bewusst getroffen. Sie bewerten jene Entscheidungen mit scheinbar bewussten Beschlussfassungen beziehungsweise mit einem funktionalen Nutzen.[30] Jedoch handelt es sich dabei um Entscheidungen die durch das Unterbewusstsein vonstattengehen. Kunden nehmen die Beeinflussung beim Kauf von Produkten nicht wahr.

Jedoch liegt es auch nicht im Interesse des Marketings, diesen Irrglauben aufzuklären. Denn jene Beeinflussung ist relevant für das Fortbestehen von Unternehmen. Die emotionale Aktivierung von Produkten oder Marken stellt eine Erfolg versprechende Marketingmaßnahme dar.

---

[30] Vgl. Seßler, H. (2011). S. 20 f.

5 LITERATURVERZEICHNIS

Esch, F. R. (2012). Strategie und Technik der Markenführung, München. Vahlen.

Kotler, P. (2011). Grundlagen des Marketing. Principles of marketing. München. Pearson.

Mast, C. (2013). Unternehmenskommunikation. *Konstanz. UVK*

Scharf, A./ Schubert, B./ Hehn, P. (2009). Marketing Einführung in Theorie und Praxis. Stuttgart. Schäffer-Poeschel

Brandstätter, V. (2013). Motivation und Emotion. Allgemeine Psychologie für Bachelor. Berlin. Springer

Meyer, W./ Schützwohl, A./ Reisenzein, R. (2001). Einführung in Die Emotionspsychologie. Band 1. Die Emotionstheorien Von Watson, James Und Schachter. Bern. Huber

Motte, P. (2009). Moderieren, Präsentieren, Faszinieren. W3l GmbH

Röhner, J./ Schütz, A. (2012). Psychologie der Kommunikation. Wiesbaden. Springer VS.

Runia, P./ Wahl, F./ Geyer, O./ Thewißen, C. (2011). Marketing, Eine prozess- und praxisorientierte Einführung. München. Oldenbourg Wissenschaftsverlag Verlag

Scharf, A./ Schubert, B./ Hehn, P. (2009). Marketing. Einführung in Theorie und Praxis. Stuttgart. Schäffer-Poeschel

Scheuch, F. (1996). Marketing. München. Vahlen

Schneider, W. (2009). Marketing und Käuferverhalten. München. Oldenbourg Wissenschaftsverlag GmbH

Seßler, H. (2011). Limbic Sales. Spitzenverkäufe durch Emotionen. München. Haufe-Lexware GmbH & KG.

Six, U. (2007). Kommunikationspsychologie – Medienpsychologie. Lehrbuch. Weinheim. Beltz

Ullrich, W. (2009). Über die warenästhetische Erziehung des Menschen. APuZ

Internetquellen

https://blog.lecturio.de/wp-content/uploads/2015/07/pawlows-hund.jpg (Letzter Zugriff: 11. Februar 2016)

http://www.fitforfun.de/files/images/201010/0/bmw_x3games_rechte,30747_m_n.jpg (Letzter Zugriff: 11. Februar 2016)

http://files1.coloribus.com/files/adsarchive/part_401/4013605/file/bmw-m3-cabrio-with-3-somebodys-always-jealous-small-13950.jpg (Letzter Zugriff: 16. Februar 2016)

https://www.youtube.com/watch?v=Iz9VgJMgKp0 (Letzter Zugriff: 11. Februar 2016)

https://werbefolgen.files.wordpress.com/2014/12/wv_coca.jpg (Letzter Zugriff: 16. Februar 2016)

BEI GRIN MACHT SICH IHR WISSEN BEZAHLT

- Wir veröffentlichen Ihre Hausarbeit, Bachelor- und Masterarbeit

- Ihr eigenes eBook und Buch - weltweit in allen wichtigen Shops

- Verdienen Sie an jedem Verkauf

Jetzt bei www.GRIN.com hochladen und kostenlos publizieren